# noor is weg

## Anke de Vries
## tekeningen van Alice Hoogstad

de Bibliotheek
Breda

D1346193

Zwijsen

## wat zit er in de doos?

bas woont bij een bos.
met zijn zus an.
en mam en pap.
bas kijkt door het raam.
daar komt oom wim met een doos.
bas rent naar hem toe.
an ook.
wat zit er in de doos, oom wim?

3

an hoort tok-tok-tok.
ik weet het, roept an, een kip!
de kip is voor bas.

bas maakt met an een hok.
een hok met een haak en een ren.
hoe heet de kip, bas?
ik noem haar noor, an.

5

## waar is noor?

bas is in huis.
mam en pap zijn weg.
an ook.
bas pakt een bak met voer.
hij rent naar het hok.
eet maar, noor, roept hij.
bas kijkt in de ren.
oo, oo, noor is weg!

bas rent de weg op.
daar is boer koos op een kar.
mijn kip is weg, roept bas.
dat is rot, bas.
er zit een vos in het bos.
een vos?
bas rent het bos in.
hij hoort wat bij een boom.
is dat een vos?
nee, het is een ... pup.

## een kus van an

bas! bas! roept an.
ik ben er weer.
maar waar is bas?
an zoekt in huis.
dan pakt ze een pen.
- voor mam.
bas is weg.
ik zoek hem in het bos.
een kus van an. -

an neemt haar pop mee.
ze zoekt bas.
bas, ik ben in het bos, roept ze.
wat is dat op het mos?
het is een mus.
zijn poot doet pijn.
an pakt de mus op.

13

## bas en an zijn weg

daar is mam met een tas.
waar zijn an en bas?
en wat is dat?
mam rent de weg op.
daar komt de bus aan, met pap.
bas en an zijn weg, roept mam.
ik zoek ze.
kom op, naar het bos.

15

daar is bas, roept mam.
met een pup.
en daar is an, roept pap.
met haar pop en een mus.
kom mee naar huis.
de pup moet voer.
de mus ook.
bas kijkt sip.
noor is weg, pap.
ik mis haar.

kijk daar! roept an.
ze wijst naar het hek voor het huis.
daar zit noor in de zon.
met een haan!

19

## Serie 5 • bij kern 5 van Veilig leren lezen

*Na dertien weken leesonderwijs:*

**1. een sok in mijn huis**
Frank Smulders en
Leo Timmers

**2. een huis voor poes**
Marianne Busser &
Ron Schröder en
Gertie Jaquet

**3. op zoek naar
oom koos**
Maria van Eeden en
Jan Jutte

**4. wat ben ik?**
Lieneke Dijkzeul en
Mark Janssen

**5. ik neem het op**
Ivo de Wijs en
Nicolle van den Hurk

**6. noor is weg**
Anke de Vries en
Alice Hoogstad

**7. tim en zijn maat pim**
Martine Letterie en
Rick de Haas

**8. daar is mam**
Dirk Nielandt en
Nicole Rutten